M. ÉDOUARD DE NAUROIS

M. ÉDOUARD DE NAUROIS

SA VIE ET SES ŒUVRES

LE VÉSINET. — AUTEUIL

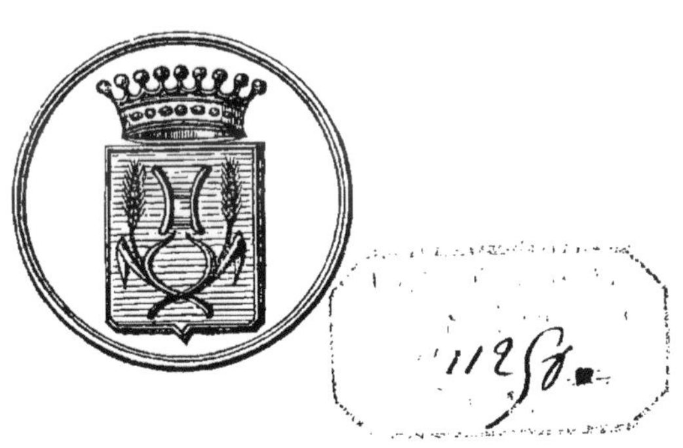

PARIS-AUTEUIL

IMPRIMERIE DES APPRENTIS CATHOLIQUES

Roussel, — 40, rue La Fontaine, 40

1877

E. DE NAUROIS

FONDATEUR DE L'ORPHELINAT DES ALSACIENS-LORRAINS, AU VÉSINET

Bienfaiteur insigne de l'Œuvre de la 1re Communion et des Apprentis orphelins d'Auteuil, etc.

M. ÉDOUARD DE NAUROIS

—

M. Edouard-Gabriel DE NAUROIS appartient à une très-ancienne famille du Languedoc. Il est né au château de Carmaux (Tarn), diocèse d'Albi, le 24 février 1799 (5 ventôse, an VII de la Révolution française).

Dès sa plus tendre enfance, M. de Naurois sentit battre dans sa poitrine un cœur chevaleresque et généreux. Dans ces temps troublés où on ne respirait que l'odeur de la poudre et du sang, sa vocation se dessina bien vite. En le voyant à l'œuvre, les parents et les amis du jeune gentilhomme prévoyaient qu'il était né pour la carrière des armes. Effectivement M. Edouard de Naurois ne rêvait que soldats et batailles.

Au retour des Bourbons, alors qu'il était dans sa seizième année, il eut la satisfaction de voir ses rêves belliqueux devenir une héroïque réalité.

Ayant réuni plus de cinquante volontaires royaux du Midi, il marcha vaillamment à leur tête.

Cette intrépidité dans un adolescent émerveilla les chefs de l'armée royale, qui jugèrent cet exploit digne d'une juste récompense, et le 16 juillet 1815 on remit à M. de Naurois le diplôme suivant :

« Conformément à l'article treize de l'Ordonnance
de Son Altesse Royale Monseigneur duc d'Angou-
lême, lieutenant général du Midi, datée de Barcelone
du 2 juin dernier, Monsieur Edouard-Gabriel de Naurois, ayant réuni plus de cinquante hommes et mar-
chant à leur tête, est nommé lieutenant et jouira des
honneurs, émoluments et prérogatives accordés audit
grade, à compter de ce jour, et le présent lui servira
de Brevet, jusqu'à ce qu'on lui en remette un signé
de Son Altesse Royale, toujours aux termes de la
même Ordonnance.

» Fait à Saint-Maurice, ce 16 juillet 1815.

Ch^{er} DE RIGAUD,

» Attaché à l'état-major de Son Altesse Royale et chargé par Elle de
porter et faire exécuter ses ordres dans les départements du
Midi. »

Au bas de ce précieux parchemin on lit :

« Je certifie que le chevalier de Rigaud, attaché à
Mon État-Major, a effectivement reçu de Moi les pou-
voirs en vertu desquels il a délivré le présent Brevet,
conformément à Mon Ordonnance du 2 juin 1815.

» Fait à Toulouse le 2 décembre 1815.

» LOUIS-ANTOINE. »

On comprend la légitime fierté de M. de Naurois
quand il donne communication à ses amis de ce
glorieux diplôme qu'il a conquis à 16 ans!

Le 21 septembre 1816, il prit rang dans l'armée

régulière, où il continua à se distinguer. Il fit partie
de l'expédition d'Espagne (1822-1823) et, pendant
cette guerre, ses exploits héroïques lui valurent l'honneur d'être porté par son général pour la croix et
l'avancement.

Qu'on nous permette de reproduire ici la lettre
qu'il écrivait à son père après la bataille de Leado :

« Figueras, le 18 septembre 1823.

» Je viens de participer à la plus belle affaire qui
ait eu lieu depuis que les Français sont en Espagne.
Le 14, je suis parti de Figueras avec mon bataillon
pour aller à la rencontre d'une division de consti-
tutionnels venant de Barcelone pour renforcer la
garnison du fort de Figueras. Le soir, un bataillon
du 8ᵉ de ligne est venu nous rejoindre avec un
escadron de chasseurs du 22ᵉ ; ce qui faisait, en
tout, 900 Français.

» Le 15, vers une heure de l'après-midi, nous avons
trouvé l'ennemi, au nombre de 3,000 hommes, sur les
hauteurs de Leado. Immédiatement l'attaque a com-
mencé très-vivement de part et d'autre. Nous avons
jugé de suite que nous n'avions pas affaire seulement
à des Espagnols, ils se battaient trop bien pour cela.
Il y avait effectivement parmi eux un bataillon de
libéraux, composé de Français, de Piémontais et de
Napolitains, tous réfugiés ; ils donnaient en véritables
désespérés.

» L'affaire a duré jusqu'à la nuit, sans avantage d'un

côté ni de l'autre; mais il y a eu des morts et des blessés. . . . .

. . . .

» Sur vingt officiers de mon bataillon, sept ont été blessés très-grièvement. Le capitaine de Cussac, que vous connaissez, est tombé le premier, mortellement atteint par une balle dans le bas-ventre. A mes côtés, mon sous-lieutenant en a reçu une dans la cuisse. Je ne connais pas encore le nombre des sous-officiers et des soldats tués ou blessés, mais il est considérable. Nous avons passé la nuit dans nos positions. Le lendemain, à la pointe du jour, on nous prévint que l'ennemi était parti pour entrer dans le fort. Sans retard nous nous mîmes en marche à travers les montagnes pour aller lui couper le passage. Grâce à notre célérité, nous le devançâmes dans un endroit où nécessairement il devait passer. Bientôt il s'y présenta et marcha sur nous en faisant un feu très-vif, auquel nous avons riposté avec vigueur. Leur commandant et beaucoup d'officiers supérieurs furent mis hors de combat dans un instant. Le général Maringoné profita de leur désarroi pour prendre d'excellentes positions. Par là les ennemis pensèrent que nous étions quatre mille hommes et se crurent perdus. Alors ils se rendirent à nous aux cris de « Vive le Roi! » même les réfugiés français sous le coup d'une condamnation à mort.

» Ainsi, avec 900 hommes nous fîmes 3,000 prisonniers. Ceci ne s'est encore vu nulle part.

» Nos soldats se sont parfaitement comportés. J'ai

eu le bonheur d'échapper à tout danger, bien que je me sois constamment trouvé au plus fort de l'action. Je me sens très-fatigué, mais quelques jours de repos me remettront.

» Il est probable que cette affaire décidera la reddition du fort qui attendait ce secours. Maintenant tout espoir est perdu pour eux. »

Avec cette modestie qui est l'apanage ordinaire de la bravoure, le jeune officier omet de parler de lui dans cette lettre, et pourtant que d'héroïsme il avait déployé dans cette journée !

Nous n'en citerons qu'un seul exemple :

C'était sur le soir, à la tombée de la nuit; le lieutenant de Naurois cherchait à rejoindre la troupe française avec les quelques hommes qui lui restaient. La fusillade était terrible, les balles sifflaient; n'importe, il fallait arriver. Soudain, le dernier sergent de la compagnie tombe frappé de plusieurs balles. — Mon lieutenant! mon lieutenant! s'écrie-t-il, ne m'abandonnez pas! — A ce cri suprême, M. de Naurois s'arrête et voit à deux pas de lui son pauvre sergent, qui le regarde d'un œil suppliant; il veut l'emporter, mais le sac l'en empêche. Alors d'un coup de sabre il coupe les courroies, se met à genoux auprès du blessé, lui prend les mains et, dans cette position très-embarrassante, le charge sur ses épaules.

Cette opération terminée, il se relève avec des difficultés inouïes et porte ainsi son précieux fardeau jusqu'au campement français. Là, on entoure le courageux lieutenant, on le félicite, mais il se dérobe à tous ces éloges mérités et s'occupe de faire panser les plaies du blessé. Malgré tous les soins qui lui furent prodigués, ce dernier expira quelques jours après.

Ce trait ne peint-il pas tout l'homme?

Un brillant avenir l'attendait.... Mais, hélas! un coup soudain, foudroyant, arrêta dans sa marche glorieuse ce jeune officier qui, par sa valeur et son courage, semblait destiné aux grades les plus élevés de l'armée.

La guerre venait de finir, quand la mort de son père rappela subitement M. de Naurois au milieu des siens. Aîné de la famille, il ne voulut pas abandonner sa jeune mère désolée pour suivre la gloire qui lui tendait les bras; et, bien qu'il en éprouvât une véritable douleur, il sacrifia noblement sa carrière pour remplir le rôle de chef de famille. Ainsi, après huit années de bons et loyaux services, M. de Naurois envoya sa démission. Les chefs qui avaient su apprécier son rare mérite, regrettèrent vivement cet acte de générosité.

Rentré dans la vie privée, M. de Naurois, dont l'ardente nature ne pouvait rester inactive, s'efforça de faire le bien. Sa fortune lui permettait, d'ailleurs, de suivre ses inclinations bienfaisantes.

Ce fut lui qui, en 1854, bâtit le magnifique marché de Saint-Martin, le premier qui ait été construit en fer. Peu de temps après, il fit percer une rue tout entière, à laquelle, par modestie, il déclina l'honneur de donner son nom.

Pendant la dernière guerre, non-seulement il ne voulut pas s'éloigner de Paris, mais il établit une ambulance dans son hôtel de l'avenue d'Eylau, et, quoique son âge avancé le dispensât de tout service, il monta bravement sa garde durant le siége, donnant ainsi à la jeunesse de son quartier l'exemple du patriotisme.

Après la signature de la paix désastreuse qui nous enlevait deux provinces, M. de Naurois, apprenant la formation de la *Société de protection des Alsaciens-Lorrains*, se hâta d'y souscrire comme membre fondateur. Ancien officier de l'armée, il voulait ainsi apporter sa part de soulagement aux infortunées victimes de la guerre. Mais là ne s'est point borné son amour du bien, et dès que la Société put acquérir, il lui fit don d'une belle propriété qu'il possédait au Vésinet. C'est dans ce terrain qu'il a construit, avec le concours de son habile architecte, M. Eugène Petit, *l'Orphelinat des Alsaciens-Lorrains*, dont il est parlé plus loin. Étendant davantage ses libéralités, M. de Naurois a doté cette maison d'une chapelle, dont la bénédiction a donné lieu à une très-belle et très-touchante solennité.

A ce sujet, nous sommes heureux de pouvoir reproduire ici un témoignage de reconnaissance publique, d'autant plus précieux qu'il vient de plus haut, adressé tout récemment à M. de Naurois par le Président de la République.

« La Forest, 9 octobre 1877.

» Monsieur,

» Je m'empresse de vous remercier des intéressantes photographies de l'Asile alsacien du Vésinet que vous avez bien voulu m'envoyer. Il vous appartient plus qu'à tout autre de faire connaître un établissement à la fondation duquel vous avez si puissamment et si généreusement contribué. Le souvenir que vous m'envoyez ne peut m'être que très-agréable, et je fais les vœux les plus sincères pour la prospérité de l'asile.

» Recevez, Monsieur, l'assurance de mes sentiments distingués.

» Maréchal de MAC-MAHON. »

Pour nous, la reconnaissance nous fait un devoir bien doux de ne pas clore cette courte notice consacrée à un homme de bien sans dire, ici, que *l'Œuvre de la Première Communion et des Apprentis orphelins* a le bonheur de posséder en M. Edouard de Naurois un insigne bienfaiteur, et nous, un bienveillant et généreux ami. Ses fréquentes visites à *l'Œuvre* témoignent de l'intérêt qu'il porte à de pauvres enfants qui, cependant, n'ont à lui offrir en retour que leurs prières quotidiennes et leur profonde gratitude.

L'abbé ROUSSEL.

LE VÉSINET

On vient de dire que M. de Naurois voulut consacrer à une œuvre de bienfaisance une propriété

qu'il venait d'acquérir dans le parc du Vésinet (Seine - et - Oise). Cette localité, qui possède déjà plusieurs établissements de charité, était, par sa situation hygiénique, admirablement propre à seconder les desseins généreux de cet ami des orphelins.

Il nous semble opportun, en donnant une vue de l'église Sainte-Marguerite du Vésinet, de dire quelques mots sommaires sur l'origine et les accroissements successifs de cette paroisse.

Avant 1858, le Vésinet n'était qu'une forêt qui fut transformée en un lieu de plaisance et de villégiature par la société Pallu et Compagnie, fondée le 24 mai 1856; cette compagnie donna en échange à l'Etat les bois qui séparent Saint-Germain en Laye de Marlyle-Roi. C'est à la même époque qu'une portion du territoire fut réservée et consacrée à un établissement de bienfaisance. Bientôt s'éleva *l'Asile national* du Vésinet pour les femmes convalescentes sortant des hôpitaux de Paris, en même temps qu'un établissement semblable pour les hommes était édifié à Vincennes. C'était vers 1860. Le bois du Vésinet fut transformé, un parc fut créé, des allées furent tracées, bientôt soixante kilomètres de routes carrossables partagèrent cette solitude ; une prise d'eau fut résolue dans la Seine en face de Port-Marly, et le 19 juillet 1860, les machines étaient placées pour donner de l'eau dans toutes les propriétés, entretenir de petites rivières et cinq lacs creusés par la main des hommes, mais où la nature a la plus grande part. Près de 90 kilomètres de tuyaux circulent aujourd'hui donnant de l'eau dans toute la contrée, et plus de six cents villas gracieusement placées sur tous les points du Vésinet, la plupart habitées même durant la saison d'hiver, font de ce pays une des localités les plus agréables des environs de Paris. Les moyens de communication avec la capitale et Saint-Germain sont très-multipliés chaque jour. Et le trait d'union de cette colonie naissante, destinée peut-être à devenir un grand centre de population, est une église, dont la première pierre fut solennellement posée en 1862, par Mgr Mabile, évêque de Versailles. Elle fut consacrée plus solennellement encore par le même prélat le 2 juillet 1865. Un an après, la paroisse était organisée et reconnue par le gouvernement (3 août 1866), et la commune érigée le 31 mai 1875.

L'église du Vésinet, placée sous le vocable de SAINTE MARGUERITE, vierge et martyre, est un édifice gothique d'une structure particulière et curieuse.

On y remarque quelques bons tableaux, notamment une *Sainte Famille* peinte sur bois, un autel en onyx, une chaire à prêcher, de style gothique, ornée d'onyx, des vitraux dont plusieurs sont des chefs-d'œuvre sortis de la maison Lobin, de Tours, entre autres une *Sainte Marguerite*, copie du Guerchin, un *Saint Léon le Grand*, une *Immaculée Conception*, *Saint Jean Baptiste*, *Saint Joseph*, *Saint Étienne*, *Saint François de Sales*, *Saint Alphonse de Liguori*, etc., et des peintures à fresque qui produisent le plus gracieux effet, et qui présentent à la porte d'entrée les écussons des six évêques de Versailles et ceux de la famille Pallu des Rotours et du curé fondateur, prélat de la maison du Pape.

*
* *

C'est dans cette délicieuse campagne du Vésinet, à une petite distance de l'église, à l'ombre des grands arbres, que M. de Naurois a construit une habitation saine et confortable où sont recueillies de jeunes Alsaciennes-Lorraines, rendues orphelines par la funeste guerre de 1870-71. Le local, solidement édifié, dans une position admirable, donne asile, en ce moment, à vingt-quatre jeunes filles, sous la direction

M. E. de Naurois, Les Sœurs de Saint-Charles et les Orphelines d'Alsace-Lorraine.

i ntelligente et dévouée de trois sœurs de Saint-Charles
de Nancy. Ces enfants sont charmantes avec leur
costume national, qu'on a eu la bonne pensée de leur
conserver comme vêtement d'uniforme, et leurs mines
prospères disent assez quels bons soins elles re-
çoivent au Vésinet, où elles doivent rester jusqu'à
21 ans.

La maison est très-bien conditionnée. La cuisine
et le réfectoire sont au sous-sol. Au dessus, la classe,
spacieuse, bien propre, bien aérée, bien éclairée;
en face, un ouvroir, où les enfants apprennent à
travailler aux différents genres de coutures, depuis midi jusqu'au soir, avec intermittence de ré-
créations, bien entendu. Au premier étage, se trou-
vent les dortoirs, d'une admirable propreté, tout co-
quets de blancheur, parfaitement agencés pour
communiquer dans un appartement spécial pour la
toilette, communément appelé *lavabo*. Au-dessus de
chaque lit, un écriteau porte les noms et qualités des
personnes charitables qui en sont les fondatrices.
Plus haut, et au côté, sont les appartements réservés
aux bonnes religieuses.

Grâce à l'habileté et à l'énergie de l'architecte,
M. Eug. Petit, la maison, commencée seulement au
mois de mai 1875, était habitable au mois de décembre de la même année. C'est à cette époque que les
sœurs de Saint-Charles en prirent possession avec
leurs intéressantes élèves. Peu nombreuses jusqu'à ce
jour, les religieuses augmenteront avec les orphelines confiées à leurs soins maternels.

L'inauguration de l'Orphelinat eut lieu le dimanche 5 décembre 1875, en présence de M. le comte d'Haussonville, président de la Société de protection des Alsaciens-Lorrains. A deux heures, la Maréchale de Mac-Mahon, comme elle avait bien voulu le promettre, vint à l'Orphelinat. Reçue par M. le comte d'Haussonville, elle visita l'établissement dans tous ses détails, et exprima toute sa satisfaction. Les petites filles étaient rangées sur l'escalier intérieur, revêtues de leur costume national.

Après la bénédiction donnée par M. l'abbé Chauvel, vicaire général honoraire, curé-doyen de Saint-Germain en Laye, délégué par Mgr l'évêque de Versailles, et en l'absence de Mgr Léon Maret, prélat romain, premier curé du Vésinet, alors à Rome en service auprès du Saint-Père, la Maréchale parcourut toutes les dépendances de l'asile, et ne remonta en voiture pour retourner à Versailles qu'après une visite complète et minutieuse.

Parmi l'assistance, très-nombreuse, malgré la rigueur de la saison, se trouvaient, outre M. le comte d'Haussonville et M. de Naurois, fondateur de l'Asile, M. le vicomte d'Haussonville fils, député ; M. le préfet de Seine-et-Oise et Mme Limbourg; M. Pallu, maire du Vésinet, et Mme Pallu; MM. Rumpler, Maunebarguer, de Billy, Guynemer, Hepp, membres du Comité, etc., etc.

Pendant cette cérémonie d'inauguration, la musique du 103e de ligne exécuta les principaux morceaux de son répertoire.

Aprés le départ des invités, les grilles du parc restèrent ouvertes, et toute la population du Vésinet et des environs put visiter, dans toutes ses parties, cet établissement de bienfaisance, fondé par la Société de protection des Alsaciens-Lorrains et qui porte au-dessus de l'entrée principale le nom du généreux donateur : M. ÉDOUARD DE NAUROIS.

Les Sœurs de Saint-Charles furent ce même jour solennellement installées dans leur maison au milieu de ces chères petites orphelines dont elles sont devenues les mères.

Mais, obligées, faute de chapelle, d'aller en semaine aux offices de l'église paroissiale, maîtresses et élèves étaient souvent privées du saint Sacrifice, surtout pendant la mauvaise saison; car l'orphelinat est à douze minutes du village. Les bonnes Sœurs, habituées par vertu aux privations, souffraient en silence de cette lacune dans l'œuvre du généreux bienfaiteur. M. de Naurois comprit cette situation difficile, et bientôt une délicieuse petite chapelle de style roman surgit de terre. Suivant sa volonté expresse, un caveau a été ménagé devant l'autel pour y recevoir un jour sa dépouille mortelle.

BÉNÉDICTION DE LA CHAPELLE

La bénédiction solennelle de ce gracieux monument eut lieu le mercredi 22 août 1877, au milieu d'une assistance nombreuse et choisie. MM. d'Haussonville, président de la Société de protection des Alsaciens-Lorrains ; Rumpler, vice-président ; H. Penot, secrétaire général ; de Naurois, fondateur ; Petit, architecte, et de nombreux membres du clergé, entre autres M. l'abbé Sisson, curé de Saint-Honoré de la Plaine ; M. Maurin, ancien aumônier de l'Ecole militaire, chanoine de Saint-Denis ; MM. Borreau, curé de Chatou ; Desroziers, curé de Montesson ; Bellart, vicaire du Vésinet ; Viollette, vicaire de Bougival ; Ferron, vicaire de Saint-Honoré, et M. l'abbé Roussel, fondateur et directeur de l'Œuvre de la Première Communion et des Apprentis orphelins, rehaussaient de leur présence l'éclat de cette cérémonie.

Délégué, durant la vacance du siége, par MM. les vicaires capitulaires de Versailles, Mgr Léon Maret, chanoine d'honneur de Bordeaux, de Coutances, d'Agen, de Terracine, etc., curé du Vésinet, bénit le monument conformément aux prescriptions du rite romain. Aprés cette bénédiction solennelle, Mgr Maret prononça l'allocution suivante, écoutée au milieu de la plus religieuse attention :

« MESSIEURS ET TRÈS-CHERS FRÈRES,

» Une œuvre importante, conçue en vue de la gloire
du Seigneur et du salut des hommes, obtient toujours
une protection spéciale du Ciel. L'esprit de Dieu
s'unit aux âmes appelées à donner leur concours à
son exécution. Avec un zèle généreux et intelligent,
il leur souffle une persévérance qui ne sait pas se
démentir, et, sous l'action de ces volontés ainsi diri-
gées et soutenues, les obstacles disparaissent, et des
monuments consacrés au bien de l'humanité s'élèvent
comme par enchantement; ils diront aux générations
futures ce que peut la foi inspirée par la charité la
plus tendre et le patriotisme le plus ardent et le plus
éclairé.

» Messieurs, il y a environ vingt mois (le 5 décembre 1875), avaient lieu la bénédiction de cet Orphelinat, l'installation des chères Sœurs de Saint-Charles
de Nancy et de quelques orphelines de l'Alsace et de la
Lorraine, que de pieuses fondations avaient dotées.
Mme la maréchale de Mac-Mahon, que l'on trouve partout où il y a du bien à faire ou une œuvre à patronner,
assista à cette cérémonie, ainsi que M. le Président
de la Société protectrice des Alsaciens-Lorrains,
quelques membres fondatateurs et dames patronnesses. Retenu à Rome, auprès du Saint-Père, à cette époque de l'année, il nous en coûta beaucoup d'être privé
d'assister à cette inauguration, présidée religieuse-
ment par Monsieur l'abbé Chauvel, vicaire général,
curé doyen de Saint-Germain en Laye; mais, absent de

corps, nous étions présent d'esprit ; et au moment même où cet Orphelinat était béni, de notre côté, nous demandions au Saint-Père une bénédiction pour la France, pour notre paroisse, pour nos communautés, pour les fondateurs de cet Orphelinat et pour tous ceux qui contribuaient à son érection ou à son entretien. Les bénédictions du Saint-Père ont porté bonheur : de 14 jeunes orphelines, le nombre s'est élevé à 24, et nous sommes heureux de les voir en ce jour autour de nous. Dieu les a privées de leurs parents ; d'autres pères, d'autres mères dans l'ordre de la nature leur ont été donnés dans ces Messieurs et ces Dames de leur Société protectrice, dans ces bienfaiteurs à qui rien n'a coûté pour assurer leur avenir ; nous, nous voulons être, nous sommes, en effet, leur père spirituel, et nous sentons, pour ces enfants, comme pour les saintes religieuses qui sont aussi leurs mères, nous sentons que nous les aimons et que nous les aimerons toujours.

» Et comment pourrait-il en être autrement ? Quand nous pensons au deuil de la patrie, à ces chères provinces, si françaises par le cœur et par les aspirations, qui nous ont été enlevées et que Dieu nous rendra peut-être un jour ; quand nous pensons à tant d'enfants orphelins ; quand, en ce qui nous concerne, nous remontons à 25 ans dans notre vie, et que revient à notre mémoire ce temps prospère où nous habitions nous-même cette chère Lorraine qui n'est plus à nous ; lorsque, par une disposition de la divine Providence, nous rencontrons ici, parmi ces enfants

qui nous écoutent, deux d'entre elles dont nous
avons connu la mère, et que la première commu
nion de cette mère ne nous a pas été étrangère :
tous ces souvenirs nous touchent et nous brisent à la
fois. Comment ne pas être ému, comment ne pas
les aimer, ces chères enfants, et ne pas s'intéresser
à leur sort? Vous l'avez compris, Monsieur le comte
d'Haussonville, vous aussi, Messieurs leurs protec-
teurs, et vous, Dames patronnesses, en vous dé-
vouant à cette œuvre avec un zèle au-dessus de
tout éloge.

» L'Orphelinat était établi au Vésinet; il fallait son-
ger à un oratoire pour ces chères Sœurs et leurs
enfants; la disposition de la maison et surtout ses
accroissements qui, à un moment donné, devien-
dront indispensables, ne permettaient pas de l'établir
à l'intérieur de cette demeure. Que faire? La proposi-
tion fut à peine énoncée devant le généreux fondateur
de l'Orphelinat, que la chapelle était décidée, M. de
Naurois ajoutait ainsi un nouveau bienfait à tant
d'autres.

» Je ne voudrais pas blesser sa modestie en exaltant
ses œuvres, qui parlent assez d'elles-mêmes; mais il
m'est bien permis de dire qu'indépendamment de la
récompense promise par Dieu, dans une autre vie
aux hommes bienfaisants, il en est une autre dès
ici-bas : la satisfaction qu'on éprouve à faire ainsi ces
bonnes actions.

» En quelques mois, cette petite chapelle, qui nous
rappelle le style gothique du XIVe siècle, a été édifiée

Asile de Naurois. — Vue d'ensemble.

par M. Eugène Petit, l'habile architecte de l'Orphelinat, qui lui aussi a voulu faire son cadeau à la nouvelle chapelle; et voici qu'aujourd'hui on nous demande les prières de l'Eglise pour la bénédiction de cet oratoire.

» Nous aurions voulu que cette cérémonie fût présidée par le cher Evêque de Versailles que Dieu a rappelé à lui le 8 mai dernier, à Rome, ou par le successeur que la Providence lui destine (Mgr Goux, présenté par le gouvernement français le 14 juillet 1874 pour l'évêché de Versailles et élu le 21 septembre), prélat que nous aimons déjà, parce que nous connaissons ses œuvres à Toulouse, et qu'il continuera les pieuses traditions de Mgr Mabile. La présence du chef du diocèse aurait donné plus de solennité à cette fête; cela n'a pas été possible, et nous avons été délégué pour faire les prières liturgiques de la bénédiction. Nous en sommes flatté, et, dans cette fête religieuse, nous pouvons répéter le cantique dont les anges firent retentir les airs, après avoir annoncé aux bergers de Bethléem la naissance du Dieu Sauveur : « Gloire à Dieu au plus haut des Cieux et paix sur la terre aux hommes de bonne volonté!! » Voilà le double but, la double destination de cette chapelle que nous allons bénir. Elle servira désormais à procurer ici-bas, à Dieu, la gloire qui lui est due, et aux hommes de bonne volonté, la paix et le vrai bonheur.

» Par les chants et les prières, par l'aspersion de l'eau lustrale que nous allons faire à l'extérieur et à l'intérieur du monument, par l'intercession des saints et de saint Edouard en particulier, que nous allons invoquer, nous prierons le Seigneur, et vous vous associerez à nos prières et à celles de ce pieux clergé, nous prierons le Seigneur d'y répandre ses grâces les plus abondantes, et de lui donner des anges tutélaires pour fidèles gardiens, cérémonie mémorable qui rappellera la possession que Dieu prend de ce lieu. Par la bénédiction, l'édifice sera consacré à la gloire de Dieu, au salut des hommes. Dieu choisit ce lieu pour se rencontrer avec nous, et nous le destinons à Dieu pour nous y rencontrer avec lui. Là nous trouverons Dieu, là Dieu nous trouvera. Il est vrai que Dieu est partout; mais il est aussi malheureusement vrai que Dieu est oublié en plusieurs lieux. Il nous faut donc un palais privilégié où l'on ne puisse pas oublier le Créateur, où les facultés physiques et morales soient tellement préoccupées des vérités surnaturelles, que nous soyons vivement pénétrés de la présence de Celui qui est partout. Or, c'est dans nos églises et nos chapelles que nous éprouvons ce sentiment.

» Depuis vingt mois, mes chères Sœurs, que ma paroisse a le bonheur de vous posséder, vous appeliez de tous vos vœux, et j'ai été le confident de vos pieux désirs, le complément précieux de ce que Dieu a daigné faire par une main généreuse en faveur de cet établissement. Vous désiriez un modeste oratoire, et c'était juste. Notre-Seigneur vous appartient, puisque vous l'avez pris pour partage, et la sainte Eucharistie est le trésor des Communautés religieuses.

» Ce vœu si légitime se trouve maintenant accompli. Notre-Seigneur, il est vrai, n'était pas loin de vous; toutefois il fallait aller chercher ses bénédictions hors de votre demeure. Désormais votre bonheur sera plus grand. Par une faveur que je vous transmets et qui sera le commencement de plusieurs autres, vous posséderez Dieu chez vous; les saints mystères y seront célébrés. Vous continuerez néanmoins à édifier nos paroissiens chaque dimanche et à vous édifier vous-mêmes de leurs exemples; mais en même temps Jésus-Christ sera avec vous la nuit et le jour; vous pourrez le trouver ici à toute heure, converser avec lui librement, sans témoins, et ce sera pour votre piété l'aliment le plus précieux, en même temps que la plus douce consolation.

» Non, nous ne nous trompons pas, en espérant des bénédictions nouvelles et plus abondantes; le grain de senevé fécondé par Notre-Seigneur deviendra peu à peu un grand arbre, dont les rameaux bienfaisants se répandront dans cette paroisse que j'ai fondée, il y a douze ans; ils seront fertiles en fruits de salut.

» Pour la première fois, le saint sacrifice va être offert, en ce jour, dans cette chapelle, jour à jamais béni, octave d'une des grandes fêtes de la sainte Vierge, qui protégera cet asile; il me sera donné tout à l'heure d'y faire descendre Jésus-Christ; de le placer dans le tabernacle, comme le bon pasteur au milieu de son troupeau, comme un tendre père au milieu de ses enfants chéris.

» O mes Frères, ô mes Sœurs, avec quelle ferveur

nos prières vont s'unir pour remercier d'abord Notre-Seigneur et sa sainte Mère, pour obtenir que l'œuvre sainte qui s'opère dans cet asile, prospère et se répande de plus en plus !

» Nous prierons pour le généreux bienfaiteur de cette maison, M. Edouard de Naurois, dont l'affection, l'intérêt, le dévouement sont si persévérants à l'égard de ces chères orphelines, qu'il n'a pas voulu s'en éloigner même après sa mort.

» Nous prierons pour le président de la Société protectrice des Alsaciens-Lorrains, l'âme de cette œuvre par son zèle infatigable, qui sait si bien user de son influence pour la création de bourses nouvelles, afin d'augmenter le personnel de l'Institution en même temps que les ressources.

» Nous prierons pour l'habile architecte, aussi intelligent que généreux, lui aussi plein d'affection pour les enfants, et qui a voulu participer à l'installation de la chapelle, par différentes largesses, spécialement par le don des vitraux, dont les saintes figures rappelleront cette utile fondation.

» Nous prierons pour les membres du comité et pour les différents fondateurs de bourses, qui, en venant constater avec tant de régularité le travail et le progrès de nos jeunes orphelines, soutiennent une nécessaire émulation.

» Je me garderai bien d'oublier M. de Nar et Mme de Nar, qui met si volontiers son talent musical et sa remarquable vocalisation à la disposition de tous les promoteurs de bonnes œuvres, s'ils veulent bien en ce jour faire le charme de notre fête religieuse; cette honorable famille ne pouvait rester étrangère à cette bénédiction après avoir fondé *deux* bourses dans l'Orphelinat. Nous espérons bien faire d'autres appels à la bonne volonté de Mme de Nar, et nous la remercions publiquement, ainsi que ces Messieurs qui lui prêtent leur concours.

» Nous prierons pour la communauté des Sœurs de Saint-Charles et leur vénérée Supérieure générale, que nous attendions aujourd'hui et qui ne peut s'associer que de loin à cette fête.

» Enfin, Messieurs et très-chers Frères, je me fais l'interprète de la pensée des Sœurs de Saint-Charles et de leurs sentiments de gratitude envers tous leurs bienfaiteurs, envers M. Pallu, maire du Vésinet, qui, comme moi, et avec son administration, protége cet asile, et lui a montré en toutes circonstances la plus touchante sympathie.

» Nous n'avons voulu oublier personne. Nous venons de procéder à cette bénédiction si vivement attendue; je vais monter au saint autel, unissez-vous à moi; nos prières obtiendront pour tous ceux qui ont eu le mérite et le bonheur de concourir à cette cérémonie, les bénédictions du temps et surtout les bénédictions de l'éternité. »

Après cette allocution, Mgr Maret célébra une messe basse, pendant laquelle l'excellente cantatrice Mme Marie de Nar, MM. Lacroix, Flajollet, Varlet, sous l'habile direction du *maestro* Ronzi, se firent entendre et charmèrent la nombreuse assistance.

Le salut solennel du saint Sacrement clôtura cette

belle cérémonie. Durant le salut, les artistes que nous venons de nommer se firent entendre de nouveau.

Une collation fut offerte ensuite aux invités dans un des pavillons de l'orphelinat, que M. Pierre Petit photographia quelques jours plus tard, avec la chapelle et le fondateur placé comme un père au milieu de ses enfants. Chaque année, le 13 octobre, fête de saint Edouard, patron de M. de Naurois, les jeunes Orphelines sont en fête, heureuses de témoigner à leur bienfaiteur qui se rend au milieu d'elles, touché et attendri jusqu'aux larmes, leur affectueuse reconnaissance. Ces fêtes de la bienfaisance laissent loin derrière elles les fêtes profanes; elles reposent le cœur et l'esprit tout à la fois et sont un avant-goût des joies paisibles du ciel.   Noël de Montmorin.

AUTEUIL

Les bienfaits qu'il prodigue chaque jour aux innocentes victimes de la guerre n'ont point épuisé la charité de M. de Naurois. Pendant qu'il donnait tous ses soins à l'orphelinat du Vésinet, la Providence lui fit connaître une autre Œuvre très-pauvre des biens de ce monde, mais richement dotée des faveurs d'en haut : c'est *l'Œuvre de la Première Communion et des Appprentis orphelins*, fondée à Auteuil par M. l'abbé Roussel.

Elle a pour but de soustraire à l'ignorance, à la misère et au vice des enfants orphelins ou abandonnés et d'en faire d'honnêtes ouvriers.

Sans asile et sans pain, la plupart du temps, ces pauvres petits errent dans les rues et dans les faubourgs, se font voleurs par nécessité ou se résignent à mourir de faim pour rester honnêtes.

Depuis sa fondation (12 ans), l'Œuvre a recueilli

Œuvre de la première Communion et des Apprentis Orphelins.
Récréation des enfants.

plus de 3,000 de ces infortunés. Elle les loge, les nourrit, les habille, les instruit, leur fait faire la première communion, et par l'apprentissage, les met en état de gagner leur vie.

En visitant les ateliers de l'Œuvre, en voyant les mines fraîches, éveillées et intéressantes de ces 260 enfants, M. de Naurois, enthousiasmé, sentit que son cœur serait attiré vers cette maison de la charité. D'ailleurs les grandes âmes sont, pour ainsi dire, portées à se rechercher. Aussi, M. de Naurois éprouva-t-il bientôt le besoin de revoir l'abbé Roussel, cet ouvrier évangélique qui a tout quitté pour suivre le Sauveur dans la voie douloureuse des épreuves, des fatigues et des privations.

Le but même de l'Œuvre le fascina, et à travers les larmes vraies qu'il ne pouvait dissimuler, il entrevit une corrélation indirecte, mais évidente, entre l'établissement chrétien et social d'Auteuil et l'asile calme du Vésinet. Dans l'un et dans l'autre, en effet, il existe plus d'un point de similitude, un mobile commun, qui consiste à veiller sur ces enfants, à leur donner une solide instruction religieuse pour faire des uns des ouvriers laborieux, actifs, honnêtes, de bons époux, d'excellents pères de famille, et des autres des ouvrières modestes, pieuses, qui seront un jour des épouses modèles et de bonnes mères.

D'un coup d'œil, M. Edouard de Naurois embrassa cette situation pleine d'espérances pour la grandeur de la patrie, et dès lors il promit de s'associer à cette Œuvre si éminemment chrétienne et sociale et de l'aider par ses libéralités.

Non-seulement il a voulu contribuer aux dépenses journalières de la maison, qui sont considérables vu

M. E. de Naurois. Les Directeurs, les Patrons et quelques enfants de l'Œuvre de la Première Communion et des Apprentis orphelins.

le nombre toujours croissant des enfants (1), mais, voyant que les bâtiments devenaient insuffisants, il s'est chargé de faire construire à ses frais de nouvelles dépendances, qui permettront à cette Œuvre admirable de grandir encore et de secourir un plus grand nombre d'infortunes.

Disons en terminant qu'il vient de donner une nouvelle preuve de son affection aux orphelins d'Auteuil en consentant à se faire photographier au milieu d'eux.

Par ses bienfaits, sans cesse renouvelés, M. de Naurois acquiert de jour en jour de nouveaux droits à l'affection du Directeur et des enfants. Ne pouvant être inscrit au frontispice de cette Œuvre qui, dès son début, n'a eu, pour ainsi dire, que le firmament pour abri, le nom de ce bienfaiteur insigne n'en est pas moins gravé dans tous les cœurs. Du reste, par un sentiment unanime de gratitude, il a été décidé que, dans la suite, une des divisions portera le nom de « division de Naurois. »

Dieu veuille accorder de longs jours encore à ce père des orphelins ! ! !

Maillard de Broys.

(1). Ils sont aujourd'hui près de 300 et coûtent à l'Œuvre, en nourriture et en vêtements, au moins 100,000 fr. par an.

Paris-Auteuil.— Imp. des Apprentis catholiques, 40, Rue La Fontaine. — Roussel.

www.ingramcontent.com/pod-product-compliance
Ingram Content Group UK Ltd.
Pitfield, Milton Keynes, MK11 3LW, UK
UKHW021022120726
13693UKWH00005B/2149